litprint

94

René Regenass

Wir haben das Pulver nicht erfunden, uns gehören nur die Fabriken

Texte

Mit einem Frontispiz von

Band 94 der Reihe „litprint"
Lenos-Presse Basel

Copyright 1971 by Lenos-Presse Basel. Alle Rechte vorbehalten.
Printed in Switzerland
Herstellung: Reinhard Offset Service Solothurn
Frontispiz: Truk
ISBN 3 85787 006 0

Lebenssätze

Turnen Sie in der Turnhalle.
Warten Sie im Wartezimmer.
Wohnen Sie im Wohnblock.
Essen Sie aus dem Essgeschirr.
Waschen Sie im Waschautomaten.
Gebären Sie im Gebärsaal.
Reisen Sie mit dem Reisebüro.
Arbeiten Sie am Arbeitsplatz.
Schiessen Sie im Schiesstand.
Schulen Sie sich an Schulungskursen.

Wir danken in der Abdankungskapelle ab.

Das Zeichen steht auf den Präparaten gegen Zivilisationsstörungen. Euer Festessen sei weiterhin Heidschnuckenbraten. Mit vier Mahlzeiten und freiem Tischwein. Sie werden sich wie ein Millionär fühlen. Millionen Menschen verkündet die Mission, dass die grosse Angst vor dem Tod sinnlos geworden ist. Es sei aber sinnvoll, gerechter zu sein, sozialer zu denken, Frieden zu bewahren. Gebet ist eine Grossmacht. Das Feld, auf dem die Entwicklungshilfe-Milliarden erst so richtig Frucht tragen.
Setz deinen Fuss auf neues Land.
Spende einen Schein.
Die Welt urteilt nach dem Schein.

Gespräch auf dem Friedhof

Hinter der Thujahecke standen die Zaungäste. Am Grab las der Pfarrer aus der Bibel. Es war eine kleine Trauergemeinde. Die Beerdigung fand in aller Stille statt. Vom Fluss her blies ein frischer Wind. Die Frauen hielten ihre Hüte fest.
„Ein Meer von Blumen", sagte die alte Frau neben mir.
„Ein Meer von Blumen", wiederholte ihr Mann.
Weiter unten hoben die Totengräber ein neues Grab aus.
„Das Wetter der letzten Wochen hat seine Opfer gefunden", sagte der Mann.
„Den Beruf möchte ich nicht haben", sagte ein anderer.
Der Pfarrer blätterte eine Seite in der Bibel um, räusperte sich und las weiter. Alle blickten hinüber zum Grab, einige hielten die Hand ans Ohr, um mithören zu können. Doch der Pfarrer sprach zu leise für uns hinter der Thujahecke. Ich, als Jüngster der ungeladenen Trauergäste, hätte ihn vielleicht verstanden, wäre das Ehepaar neben mir still gewesen. Ich muss aber zugeben: Das Gespräch der beiden störte mich nicht; es war für mich interessanter als das, was der Pfarrer sagte.
„Hast du den riesigen Kranz rechts aussen gesehen? " fragte die alte Frau neben mir.
„Den mit der breiten Schleife? " fragte ihr Mann zurück.
„Ja, den."
„Wie schnell das geht."
„Ein kräftiger, fröhlicher Mann, nie krank."
„Und erst fünfzig."
„Vor einer Woche stand er noch im Laden."
„Wer hätte das gedacht."
„Wenn der Pfarrer zur Seite treten würde, könnte man lesen, was auf der Schleife steht."
„So einen Kranz habe ich mein Lebtag noch nie gesehen; der ist ja grösser als ein Wagenrad."
„Wahrscheinlich von einem Geschäftsfreund."
„Solche Geschäftsfreunde hat man auch wieder nicht."
„Mich nimmt bloss wunder . . ."
„Der wird sich schon mal bewegen."
„Sonst können wir nachher vorbeigehen."
„Bei diesem Wind warte ich nicht, bis alle weg sind. - Jetzt klappt er die Bibel zu."
„Endlich. Kannst du es lesen? "
„Nein. Du weisst doch, die Augen."
„Können Sie es lesen? " fragte mich die Frau.
„Ich glaube schon", sagte ich.
„Dann sagen Sie es doch."

„Von der Salami AG, steht drauf", sagte ich.
„Schade", sagte die Frau zu ihrem Mann, „ich werde mir eine andere Metzgerei suchen müssen. Es werden noch viele wegbleiben. Niemand mochte seine Frau leiden."
Einer nach dem andern ging zum Grab und sprengte Weihwasser auf den Sarg. Langsam löste sich die Trauergemeinde auf. Von unten näherten sich die Totengräber mit ihren Schaufeln und Schubkarren. Sie warteten in einiger Entfernung, bis niemand mehr um das Grab stand. Dann kamen sie mit raschen Schritten heran.
Der Wind wurde stärker.
Die Gerätschaften und die Karren der Totengräber versperrten den schmalen Weg vor dem Grab.
„Siehst du, wenn wir später gekommen wären, hätten wir das alles verpasst", sagte die Frau neben mir.
„Ja, und jetzt will ich ein Bier", sagte der Mann.
Sie gingen.

Kein schöner Land.
Helvetien ist ein Paradies, wenn man an die Vielfalt und Pracht seiner Aepfel denkt,
an ihren aromatischen Geschmack und ihre saftige Frische.
Aepfel zum Kochen.
Aepfel zum Backen.
Aepfel zum Keltern.
Und zum herzhaften Hineinbeissen.
In der Schweiz wird kein Apfel
weit vom Stamm gegessen.
Sie haben keine Würmer mehr.
Wir beissen in gespritzte Aepfel.
Ich mag das Märchen vom Schneewittchen nicht mehr hören,
allein schon wegen der Zwerge.

Louis

Dank vergangener und gegenwärtiger Hinter- und Untergründe, unfassbarer und übermächtiger Verbrechens- und Verdachtsmomente entwickelte sich die Liebesgeschichte zu einem Lustmord.
Die beiden kannten sich flüchtig, vom Fenster auf der anderen Strassenseite, nun begegneten sie sich.
Ein angestellter Pianist improvisierte Ueberleitungen von einer Tonart in die andere: Das, was er gerade spielte, wurde dem dargebotenen Musikstück immer unähnlicher und dem drohenden immer ähnlicher.
Das alles klang erst wie Buchsbaum und Stechpalme. Es war die mechanische Einübung von weiterem. Die einen boten Tanz, die anderen Zauber. Mit einem Wort: es war ein Fest, austauschbar wie Programme.
In ein paar Wochen dann Indisches Grabmal, Tiger von Eschnapur und die Drei Musketiere.
Die Gags sind alt. Man versucht, sich zu ärgern, sich umzubringen, man wirft Wakkersteine und Büchsen, schlägt mit der Faust und tritt mit dem Fuss.
Wo andere zur unschuldigen Liebe zurückfanden, war er schlicht und einfach sadistisch. Seine erfrischende Lust am Zersetzen musste bald einmal den Nachbarn auffallen. Am Fuss der schwarzen Berge genügt ein Waschlappen nicht mehr. Das mag er sich öfter gesagt haben, als ihr lieb war. Indes beweisen seine Briefe aus dem Militärdienst nichts anderes als Nachschubsorgen wegen Socken.
Wo andere Urlaub sagen, arbeitete er gar nicht erst. Er gefiel sich im Selbstguss eines Frauenroman-Giganten. Hier galt es nun wirklich: es konnte nicht gut enden.
Er bevölkerte gewisse Lokale und die Kartei der Polizei. Trickfilme waren für ihn Gesellschaftsspiele. Er suchte weder neue Positionen noch neue Aufgaben. Das Leben gefiel ihm so. Als entschlossener Dramaturg machte er dann aus dem Lesestück ein Drama.
Die Entscheidung ist jetzt nicht mehr rückgängig zu machen. Die letzten Wochen des alten Jahres brachten das Ende. Ein falsches Dressurpferd, soll er gesagt haben. Tragödien wollen nicht mit normalem Mass gemessen werden. Doch für solche Abenteuer zeigt niemand Verständnis.
Unter die Masse Leute zu springen und unter ihnen Karriere zu machen, misslang ihm. Und das, weil er sie folgenschwer umarmt hatte. Er hätte es wissen müssen.
Als die Polizei hinter diese Geschichte kam, verhaftete sie ihn. Protzsüchtig war er schon immer, hiess es.
Was hält man einem Zuhälter zugute?
Doch die Gesellschaft kann nicht ohne diese Gesellschaft leben.

Es wäre falsch, die Bedeutung der Schlachthofverordnung zu unterschätzen. Wir leben von Fleisch. Es kann uns nicht gleichgültig sein, was im Schlachthof passiert. Wie sie zerfleischt, ausgenommen, zerhackt und verwurstet werden. Gut, über das Töten sehen wir hinweg. Es gehe human vor sich, menschlich also. Sagte mir jemand. Die armen Tiere, sagte ich.
Bei solchen Gesprächen hoffe ich nicht auf Verständnis. Neuerdings werden die Körper und einzelne Teile davon gekennzeichnet. Dadurch sollen Verwechslungen ausgeschaltet werden. Zudem ist es nicht mehr wie bisher gestattet, ausgeweidete Tiere über Nacht in der Schlachthalle aufzuhängen.
Fleisch und Wurst kommen in hygienisch einwandfreiem Zustand in die Metzgereien und damit zum Kunden. Kundendienst wird gross geschrieben.
Es ist jetzt wieder die Zeit der Schlachtplatten.
Man soll die Schlachten feiern, wie sie fallen.
Sie fallen.
Die Tiere.
Im Schlachthof -
auf den Schlachtfeldern.

Die Nachfolge

Nach dem Mann der ersten Stunde
kam der Mann der zweiten Stunde,
sagte das Gegenteil, so wurde er
der Mann der ersten Stunde und der
erste der Mann der falschen Stunde,
bis beide vom Mann der dritten Stunde
verhaftet wurden, der seinerseits vom
Mann der vierten Stunde abgesetzt wurde,
was den Mann der fünften Stunde bewog,
seinen Vorgänger zu verbannen, doch
der Mann der sechsten Stunde stürzte
den Mann der fünften Stunde, hielt sich
aber selber nur kurze Zeit, es trat
der Mann der siebten Stunde vors Volk,
der jedoch dem Mann der achten Stunde
das Feld räumen musste, worauf ein
Triumvirat der Männer der neunten,
zehnten und elften Stunde die Macht
übernahm, bis
der Mann der zwölften Stunde
alle beseitigen liess;
somit war der Mann der zwölften Stunde
auch der Mann der letzten Stunde -
auf ihn folgte nichts mehr.
Der Mann von der Strasse sagte:
Jede Stunde hat ihr Gutes.

*Bauelemente unserer Zivilisation -
überall auf der Erde:
gebrannte Erde.*

*Wir haben das Pulver
nicht erfunden.
Uns gehören nur
die Fabriken.
Nobel geht die Welt
zugrunde.*

Generale allein

Wenn Generale reisen, haben sie die Kriege im Koffer. Die Ansichtskarten, die sie unterwegs an Frau und Kinder schicken, werden einmal verboten werden müssen. Militärische Geheimnisse sind überall.
Zwischen den Empfängen und Truppenübungen sind die Generale sehr einsam. Es sind auch Menschen. Sie fürchten die Niederlage. Der Friede macht sie lächerlich. Die Hostessen wissen nicht recht, wie man fliegende Generale behandelt. Maharadschas sind ihnen denn doch lieber. Wenn das Flugzeug startet, stehen die Soldaten zum Empfang schon in Reih und Glied. Die Landschaften unter dem Flugzeug zeigen Möglichkeiten. Die Sorgen der Generale auf der andern Seite verbinden.
Generale müssen auch mal. Davon spricht niemand. Das ist ein echtes Problem. Paraden dauern oft lange. Truppenübungen noch länger. General sein ist ein harter Beruf.
Im Frieden sehen die Offizierskasinos wie Hotels in der Nachsaison aus. Beim Abendessen denken die Generale an die Kriege von morgen. Die Zeitungsberichte kommen nicht über weit entfernte Kleinkriege hinaus. Panzer stärken das Selbstbewusstsein.
Für die Generale ist der Montag Sonntag. Stiefel sind Prothesen. Generale können nicht auf Sylt - Wenn Generale in Friedenszeiten sterben, fürchten die Regierungen um ihre Zukunft. Generale dürfen nicht auswandern. Sie müssen den Krieg abwarten. Viele werden alt und gehen in Pension.
Die Generale a.D. spielen mit den Enkelkindern.
Ein Krieg hätte ihnen vieles abgenommen. Sie haben ihn nicht verhindert. Generale sind nicht schuld am Frieden. Die Generale haben die Gesichter der Soldaten nicht in Erinnerung. Sie stehen über der Sache.
Die Truppe schläft längst, wenn die Generale endlich dorthin können, wo alle mal hin müssen.

Der General hat einen wunden Hintern.
Das kommt vom Reiten.
Der Militärarzt verordnet Bettruhe und empfiehlt Bauchlage.
Der General liegt im Hotelzimmer auf dem Bauch.
Drunten ziehen die Soldaten vorbei und singen Marianka.
Der General träumt von einer Schlacht. Von einer Winterschlacht. Er liebt den Winter. Im Winter wird man nicht so leicht wund. Im Gefechtsstand ist geheizt.
Er möchte eine Schlacht wie Stalingrad gewinnen, der General;
eine Seite in den Geschichtsbüchern erobern.
Was ist ein General in einer friedlichen Landschaft?

Der General versucht, seinen wunden Hintern zu pudern. Morgen will er wieder zur Truppe. Er wird breitbeiniger als sonst gehen müssen. Wegen des schmerzenden Hinterns. Er möchte als breitbeiniger, siegreicher General in die Bücher eingehen. Er trommelt mit den Fäusten aufs Kissen. Den Militärarzt wird er versetzen. Er wird ihm Pflichtvernachlässigung vorwerfen und ihn kaltstellen. Keiner soll wissen, dass er nur wegen der Hämorrhoiden breitbeinig geht.

Wie der auf dem Fahrrad sitzt, auf seinem Tandem. Hochaufgerichtet hockt er drauf. In seinem Alter noch. Gesund bis auf die Knochen. Mit tadellosem Stoffwechsel. Wenn er seinen Hintern vom Sattel abhebt und furzt, dann dröhnt's auch richtig. Und wenn er harnt, das ist ein Strahl, nichts von Schwierigkeiten und Prostata-Leiden.
Ein Kriegs-Veteran.

Es wachsen keine
Bäume
in den Himmel,
nur
Pilze -
wie die Zucht,
so die Frucht.

Der Hobbygärtner
Nun ist es mir gelungen. In vier Jahren habe ich mich vom Düngerspezialisten zum ständigen Mitarbeiter der Gartenbauzeitschrift „Scholle" emporgearbeitet. Ein ganz schöner Aufstieg, das darf ich wohl ohne falschen Stolz behaupten. Das Blatt hat immerhin eine Auflage von dreissigtausend Exemplaren. Mein letzter Artikel handelte von Unkrautbekämpfungsmitteln mit Düngerwirkung: eines meiner Lieblingsthemen. Ich bin immer wieder überrascht, wie wenig die Leute auf dem laufenden sind. Auch Fachleute. Bei meinem Vortrag an der Gartenbau-Ausstellung wusste kein einziger, dass es neuerdings für stark lettigen Boden einen Zementsand gibt, der den Boden durchlässiger macht. Dabei ist gerade in unserer Gegend der Letten stark verbreitet. Selbst bei den technischen Hilfsmitteln hinken die Kenntnisse weit hinter der Entwicklung nach. Nur wenigen dürfte bekannt sein, dass eine Heckenschere mit Sägeteil im Handel ist, die von einer Batterie gespeist wird. Sie eignet sich besonders zum sauberen Ausputzen von Beeten und Rasenrondellen.
Ja, der Rasen! Ein Kapitel für sich. Da erst zeigt sich, wer etwas von Gartenpflege versteht. Wenn der Samen ausgesät ist, so muss dafür gesorgt werden, dass er vom ersten Regenschauer an stets gleichmässig feucht ist. Sagen Sie nicht, darauf komme es nicht an.
Um die Vögel fernzuhalten, gibt es nun ein praktisches Plastiknetz, das über dem Boden ausgespannt wird. Man kann aber geradesogut den Rasensamen mit Mull abdecken. Für Schattenlagen befindet sich eine spezielle Rasensorte auf dem Markt. Bei stark strapaziertem Rasen muss den Wurzeln durch ein besonderes Gerät Luft zugeführt werden. Aber nicht nur das Heranziehen eines Rasens ist eine anspruchsvolle Aufgabe, auch die Pflege und Wartung stellt Probleme.
Ein Wort noch zum Rasenmäher: ein nützliches Instrument, gewiss, das jedoch bei unrichtiger Pflege mehr schadet als hilft. So schlägt ein unscharfes Messer das Gras nur ab, statt es zu schneiden. In der Folge wird der Rasen unansehnlich und gelb. Der Rasen darf übrigens nie mehr als zwei bis vier Zentimeter tief geschnitten werden. Heute wird ein Spray angeboten, der verhütet, dass sich das Gras am Mäher festsetzt.
Um wieder zum Anfang zurückzukommen: Sie ersparen sich viel Mühe und Zeit, wenn Sie das Unkraut mit einem chemischen Unkrautvertilger ausrotten. Mit der Hacke und dem Dreispitz mühten sich noch unsere Grosseltern und Eltern ab. Wir haben es Gott sei Dank besser. Bei den heutigen Rasenflächen wäre das Jäten sowieso ein vergebliches Unterfangen; wäre man endlich fertig, würde schon wieder neues Unkaut keimen. Da hat Ihnen die Chemie ein nützliches und - bei richtiger Anwendung - absolut gefahrloses Mittel in die Hand gegeben. Die Wirkung ist verblüffend. Die Amerikaner haben mit dem Konzentrat solcher Herbizide, also dem unverdünnten Mittel, in Vietnam ganze Wälder entlaubt. Und warum soll, was auf derart riesigen Flächen erprobt worden ist, nicht auch für Ihren Rasen gut sein?

Am traditionellen Familienabend der bereits siebzigjährigen Militärschützengesellschaft „Tarnscheibe" konnte der Fähnrich aus den Händen des Ehrenpräsidenten des schweizerischen und kantonalen Schützenvereins die neue Vereinsfahne in Empfang nehmen. Der Fahnenpate wies darauf hin, dass das Banner früher als Heerzeichen gegolten habe, heute jedoch dem Verein zum gemütlichen Wettstreit diene. Nach der schlichten Feier wurden Mitglieder, die auf eine fünfzigjährige Mitgliedschaft zurückblicken konnten, mit einem Ehrentrunke geehrt. Einige Schützen erhielten als Belohnung für die im vergangenen Jahr erbrachten Leistungen einen Preis. Der Präsident betonte in seiner launigen Schlussrede, dass es gerade heutzutage wichtig sei, den Nachwuchs zu fördern. Das Schiessen vermöge den Menschen zu bereichern, es verwandle jeden und schaffe durch die Waffe gute Kameradschaft fürs Leben. In diesem Sinne sei das Schiessen ein Sport wie jeder andere. Und was man im Frieden bei fröhlichem Kampfe geübt habe, komme im Ernstfall, wovor kein Land sicher sei, wie die letzten Ereignisse gezeigt hätten, dem gesamten Volke zugute.
Der vieljubelte Aufruf „Werbet Jungschützen!" leitete über zum Tanz.
Als die letzten nach Hause gingen, krähte schon der Hahn.

Wir singen im Verein
und vereinen uns im Gesang.

Wir haben eine Meinung
und meinen die Habe.

Wir üben den Krieg
und kriegen Uebung.

Wir erledigen die Arbeit
und arbeiten als Erledigte.

Wir flüchten in Argumente
und argumentieren mit Flucht.

Wir tragen die Haut zu Markte
und markten um den Träger.

Wir hören auf Befehle
und befehlen die Hörigkeit.

Wir fordern Gleichheit
und begleichen die Forderung.

Wir bekämpfen die Pornografie
und pornografieren den Kampf.

Wir denken ans Vorwärtskommen
und kommen nicht zum Denken.

Wir verfolgen unser Ziel
und zielen auf die Verfolger.

Je nach Speichermedium und Organisation der Daten auf Magnetband oder Magnetplatte lassen sich für jeden Datensatz, der herausgebracht, verändert und zurückgespeichert werden soll, zahlreiche Millisekunden einsparen, auf ein Jahr umgerechnet sogar Stunden - Stunden kostbarer Computerzeit.
Es geht tatsächlich um Millisekunden.
Grosse Lösungen setzen sorgfältige Einzelarbeit voraus.
Davon lebt unsere Industrie.
Alle Daten lassen sich einspeichern.
Es ist nur eine Frage der Abstraktion.
Einzig beim Hunger scheitern wir.
Hier versagt die Programmiersprache.
Allerdings geht es dabei nicht um Millisekunden.
Hungerkünstler halten es Tage und Wochen aus.

Die Zeitungen bestätigen es

Da unterhalten sich zum Beispiel zwei Männer in einem Personenwagen auf einem Parkplatz in einem netten kleinen Städtchen, wo sonst alles ruhig ist, und plötzlich schiesst der Lenker auf den Mitfahrer.

Da ergreift zum Beispiel ein Greis einen Schlosserhammer und erschlägt damit seine sechsundsechzigjährige Ehefrau, ohne nachweisbaren Grund.

Da geht zum Beispiel ein bis anhin unbescholtener Ehemann mit drei Kindern zu Hause spät abends durch eine Vorortsstrasse, spricht ein Mädchen an, lockt es in den nahen Park und vergewaltigt es.

Da steht zum Beispiel mitten in der Arbeitszeit ein pflichttreuer Angestellter vom Pult auf, horcht an der Tür, schleicht sich ins Büro des Chefs und schüttet Arsenik in den Kaffee.

Im Sommer wird mehr und schneller geschossen.
Im Sommer wird rascher totgeschlagen.
Im Sommer werden Mädchen vergewaltigt.
Im Sommer werden Vorgesetzte vergiftet.
Die Zeitungen bestätigen es.

Ich muss mich in acht nehmen.
Ich kenne mich doch.

Bei Ihrem Auto-Händler gibt es jetzt etwas, das hat Ihr Wagen noch nie erlebt: den Diagnostic-Service. Mit modernsten Mess- und Prüfsystemen wird der ganze Wagen auf das gründlichste durchleuchtet.
Das Ergebnis wird in einem genauen, etwa hundert Punkte umfassenden Zustandsbericht festgehalten und Ihnen vorgelegt. Danach können Sie selbst entscheiden, was gleich in Ordnung gebracht werden soll.
Für die Autobesitzer besteht berechtigter Grund zur Annahme, dass es in Europa und in den USA, gemessen an der Zahl zugelassener Wagen, bald mehr Diagnostic-Stationen geben wird als etwa in Indien Aerzte für die gesamte Bevölkerung.

Bruchrechnen

Im Alter von 77 Jahren starb im Asyl für geisteskranke Verbrecher die zu dreissig Jahren Kerker verurteilte dreifache Mörderin Leonarda Cianciulli. Sie war nach dem zweiten Weltkrieg vor Gericht gestellt worden. Ihre Taten erschütterten damals die Oeffentlichkeit: In den Jahren 1939 und 1940 hatte sie drei Frauen unter dem Versprechen, ihnen Männer zu besorgen, in ihr Haus in Correggio gelockt und sie dort getötet. Anschliessend machte sie aus den Leichen Seife. Jahrelang blieb die Täterin unerkannt. Erst als Bekannte die Polizei auf die Spur setzten, konnte sie gefasst werden. Nach langem, hartnäckigem Leugnen gestand sie schliesslich die Morde. Sie sagte aus, sie habe die Frauen geopfert, um damit das Leben ihres in den Krieg gezogenen Sohnes zu retten.
Gerichtssachverständige erklärten sie für teilweise wahnsinnig.
1/8, 3/5 oder 2/3?
Die Gerechten rechnen mit Brüchen - auch auf diesem Gebiet.
Der Mensch vergisst schnell die grossen Zahlen.
Das Gedächtnis will nichts mehr davon wissen.
Die Schuld an Millionen hat zuviele Nullen.
Man verrechnet sich leicht.
Und wer darüber nachdenkt, könnte
wahnsinnig
werden.

Und, fragte der Mann, was steht
in seinen Papieren?
Berufsziel
Lebensziel
Nahziel
Fernziel.
Na also, dann lass ihn schon laufen.
Das ist ein ehrlicher Mensch.

Und, fragte der Mann, was trägt er
so alles auf sich?
Reisekarte
Bahnsteigkarte
Eintrittskarte
Ansichtskarte.
Den müssen wir uns näher ansehen.
Das scheint ein guter Fang zu sein.

Eine Seite Geschichte

Wenn es in St. Petersburg Frühling wurde, ging von Reims ein ganzer Güterzug Champagner in Richtung Russland. Für Riga, Wiborg, Moskau, vor allem aber für St. Petersburg war die kostbare Ladung bestimmt. Und im Herbst folgte ein weiterer Güterzug mit Champagner. Für den langen Winter. So an die 500 000 Flaschen dürften es jedesmal gewesen sein. Champagner war das bevorzugte Getränk der Gesellschaft und des Hofes.
Es war eine glückliche Zeit und Champagner liebten die Petersburger über alles. In den prachtvollen Sälen des Barock und Klassizismus, im Glanze der Lichter und bei angenehmer Wärme knallten die Pfropfen, und sie knallten lauter und lauter, je länger und härter der Winter war, sie knallten von Jahr zu Jahr ausgelassener, bis die Schüsse sich endlich durchgesetzt hatten.
Die Stadt erwachte aus dem Schlaf.
Der Herbstzug kam nicht mehr an.
Von der Newa kam ein anderer Zug.
Leningrad.
Heute wird unser Schaumwein in der ganzen Welt bevorzugt als
Dry Monopole,
Monopole red top,
Monopole green top
und als absolute Spitze
Diamant bleu.
Der Champagner fliesst wieder in Strömen.
Er fährt unbeirrt auf seiner Siegesbahn weiter.
Lassen auch Sie die Pfropfen knallen.
Träume sind Schäume. Auf eine glückliche Nacht!
Der Zapfenstreich ist geblasen.
Der Weckruf wird unter die Haut gehen.

Atemübungen
Fingerübungen
Entspannungsübungen
Konzentrationsübungen
Körperübungen
Rettungsübungen
Selbstverteidigungsübungen
Ueberlebensübungen
Wiederbelebungsübungen

auf dem Uebungsplatz
mit Uebungsanzug
übungshalber
Ernstfallübung

Unsere Erde

Seit man weiss, dass die Erde rund ist, bewegen Globen die Menschen. Doch der von uns entwickelte Globus ist aussergewöhnlich: er leuchtet.
Sein farbiges, gedämpftes Licht verbreitet eine Atmosphäre des Wohlbehagens in Ihrem Heim. Dieser Doppel-Leuchtglobus verschönert jedes Wohnzimmer, zeichnet jedes Büro aus und ist geradezu die ideale Lampe zum Fernsehen. Wenn Sie in einem verdunkelten Zimmer nur diesen Globus leuchten lassen, schaffen Sie eine bestrickend intime Stimmung. Prachtvoll ist so ein Leuchtglobus: farbenfroh und schön, lehrreich und unzerbrechlich, abwaschbar, dreh- und verstellbar.
Die Längen- und Breitengrade sind deutlich markiert, ein Zeitmesser erlaubt das Ablesen der Uhrzeiten in allen Ländern der Welt. Der Globus ist zudem mit einem Aequator versehen und an jeder Steckdose anzuschliessen.
Seine Innenbeleuchtung ist so konstruiert, dass zwei Globen in einem einzigen vereint sind. Je nachdem, ob Sie das Licht ein- oder ausschalten, erhalten Sie ganz verschiedene Bilder: beleuchtet bietet Ihnen der Globus das geographische Gesicht der Erde,
unbeleuchtet zeigt er Ihnen die politische Einteilung.
Sollte die politische Einteilung der Welt Aenderungen erfahren, so lassen Sie den Globus einfach beleuchtet. Er braucht ja sozusagen keinen Strom.
Mit diesem Globus sehen Sie die Erde wie ein Astronaut: Sie haben einen einzigartigen Ueberblick. Wenn irgendwo auf der Welt sich eine Katastrophe ereignet, können Sie vom Sessel aus Ihrer Familie oder dem Besuch mit dem Finger den Ort zeigen.
Von nun an wissen Sie, wo ein Krieg ausgebrochen ist oder eine Hungersnot herrscht oder eine Flutwelle eine ganze Insel überschwemmt hat. Sie kennen nicht nur den Namen, sondern auch die Lage. Sie könne mitreden.

Für den „Gegen-Kleinkrieg" haben Abertausende von Ordnungshütern zu sorgen. Sie haben die schwierige Aufgabe, entschlossen, aber möglichst schonungsvoll zum Rechten zu sehen. Das fordert unsäglich viel Selbstbeherrschung und strikten Gehorsam, wenn die Aufrührer Feuerwaffen einsetzen. Nach Ansicht von Augenzeugen geht seit den jüngsten blutigen Zwischenfällen die Versuchung zum Aufbegehren durch die Reihen der Ordnungshüter, ähnlich wie Ende vorigen Jahres bei den Ausschreitungen in der Aera des „heissen Herbstes". Man wird den Ordnungskräften über kurz oder lang erlauben müssen, von der Schusswaffe Gebrauch zu machen. Nur so sind Desertionen zu verhindern.
Unklar ist immer noch, wie es zu der Rebellion kam. Die Abklärung der Ursachen des Aufstandes dürfte nach dessen Niederschlagung Aufgabe einer Kommission sein.

Geregeltes Leben

Ich lese mit Vorliebe amtliche Bekanntmachungen. Man erspart sich Aerger und Unannehmlichkeiten, auch den Angehörigen. In meinem Pult liegt ein ganzer Stoss amtlicher Publikationen. Ich verhalte mich danach. Bis jetzt bin ich nicht schlecht gefahren: Ich hatte nie irgendwelche Schwierigkeiten mit Behörden oder Amtsstellen.
Meine Frau und ich leben friedlich dahin. Die Rente reicht gerade.
Für jedes Alter gibt es Hinweise.
Das beruhigt. Ich sehe gelassen meinem Lebensabend entgegen.
In gewissem Sinne auch dem Tod.
Die Bestattungsordnung regelt ihn genau.
Meiner Frau habe ich gesagt, dass ich Feuerbestattung wünsche.
Ich weiss, auch für Erdbestattung gibt es Gründe. Ich philosophiere nicht.
Eine einzige Einschränkung mache ich: Es darf kein Lebenslauf verlesen werden.
Alles andere stelle ich frei.
Ich kenne die Bestattungs- und Friedhofsordnung so ziemlich auswendig. Sie ist aus dem Jahre 1932. Sie hat immer noch Gültigkeit. Für mich kommt der letzte Abschnitt in Frage. Spätestens eine halbe Stunde vor der Feuerbestattung wird der Sarg geschlossen und auf dem Versenkungsapparat aufgebahrt. Der Sarg wird vor versammeltem Leichengeleite versenkt und unverzüglich in den Ofen gebracht. Den nächsten Angehörigen kann gestattet werden, in beschränkter Anzahl der Einführung des Sarges in den Ofen beizuwohnen. Nach beendigter Verbrennung wird die Asche in eine Urne verbracht. Die Urne wird mit einer Metallplatte plombiert, welche die Personalien enthält.
Die Einäscherung erfolgt mit Gas.
Das weiss ich noch von meiner Dienstzeit her. Ich habe auf der Rechnungskontrolle des städtischen Gaswerks gearbeitet. Mir scheint das eine klare und saubere Lösung.

Die Jets rollen direkt zum Terminal der Fluggesellschaft, wo ausfahrbare Rampen die Passagiere vom Ausstieg des Flugzeuges ins Innere von „Flight Wing One" befördern. Einmal dort, bringen Rolltreppen Sie zur Gepäckausgabe. Und sofern Sie sich keinen Spass daraus machen, um die Wette zu laufen, sollten Ihre Koffer vor Ihnen dort ankommen. Durch eine der vielen Zollabfertigungsstellen gelangen Sie rasch auf eine rollende Strasse, die Sie zum Hauptgebäude und zu den Fahrgelegenheiten nach New York bringt.
Das ist Amerika!

WAS FUER EIN JAHR.
Doch es gab nicht allein Rennerfolge. Der hundertfünfzigtausendste Wagen unserer Marke konnte 1970 verkauft werden. Damit ist jeder zehnte Sportwagen, der im vergangenen Jahr auf der Welt in Verkehr gesetzt wurde, von uns.

Leb wohl, Deodorant

Viele Organe und Körperteile können heute schon durch Kunststoffprothesen ersetzt werden. Zwei Stahlgürtel garantieren eine hohe Kilometerleistung. Und die tiefgezogenen Schultern geben einen ausgezeichneten Halt in allen Lagen. Für Kenner, die mehr aus sich herausholen wollen. Mit bunten, lustig gemusterten Orlon-Strümpfen für den „Gasfuss". Ein Werk produziert herrliche, leuchtende Farben. Was dabei abfällt, ist Abfallsäure. Die Mode geht durch den Wagen. Das sind die Freizeit-Männer. Das gestreifte Hemd ist von Einhorn. Die Landessprache brauchen Sie nicht zu beherrschen. Martini versteht jeder. Und wenn Sie das Martini-Glas heben, tut irgendwo jemand das gleiche. Mit Martini machen Sie eine Reise um die Erde. Zum Beispiel Frankfurt - Tokyo, 21 Stuyvesant. Die erste noch in Frankfurt. Eine zweite zünden wir schon in der Luft. Die vierte hinter Hamburg. Zur achten sind wir bereits über dem Nordpol, das Bering Meer begrüssen wir mit der vierzehnten, und mit der zwanzigsten überqueren wir den Fujiyama. Und der Duft der grossen weiten Welt begleitet uns auf angenehme Weise. Hart und männlich. Schlagsicher. Stossfest. Tropengetestet. Wasserdicht. Temperaturstabil. Himalajabewährt. Staubfest. In Edelstahl. Mit Handaufzug oder Automatic. Das ist der Geschmack, der uns lächeln lässt. Und wenn Sie mal ausruhen, denken Sie an die Sache mit dem losen Halbrundkissen. Das ist endlich mal was anderes. Kein Kissen zum Draufsitzen, sondern ein Rücken-, Kopf- und Schenkelkissen. Gehen Sie zu Gillette: man kommt nicht mehr los von ihr. Die Revolution in sanft macht anspruchsvoll. Wer hat schon etwas gegen Verwöhnen am Morgen? Und sie streichelt noch die Haut, wenn Sie es eigentlich nicht mehr erwarten. Mit leuchtenden Lippen gibt sie Signale. Lippenstifte, Lieb-Stifte. Rot heisst nicht mehr stop. Glück bis in die Fingerspitzen. Zum Lippenstift immer den passenden Nagellack. Harmonie ist alles. Transparent und trotzdem deckend. Rosy, Rosy Blush, ein Hauch auf ihre Wangen. Wische, wasche, nimm die Knöpfe aus der Tasche. Ihr herrlicher Körper und ihre Weiblichkeit sind wie eine Perlmuschel, die in der tiefen, klaren See auf den kühnen Taucher wartet. Fleurop Blumen sagen das, wofür Sie keine Worte finden. Wie möchten Sie Ihre Bahamas? Als Spiel mit dem Glück oder als Glück im Spiel? Was ziehen Sie vor, Hand in Hand unterm Tropenhimmel - oder alle Trümpfe in der Hand in einem Spielcasino? Tanzen Sie Limbo, bis es im Rückgrat knackst und die Haare die Erde berühren. Oder erleben Sie den wilden Feuertanz der Eingeborenen. Gehen Sie in die Nachtclubs von „over the hill". Lassen Sie sich von Goombay-Trommeln erregen, bis Sie erschöpft in Ihr Bett sinken. Wir wissen es: Mancher Mann ist nur darum sauer, weil sein Bettklima nicht stimmt. Da gibt es nämlich Betten, die sind zu kalt. Andere werden zu schnell feucht. Dann gibt es solche, die bringen Sie zum Schwitzen. Wir haben das Bettklima perfektioniert. Wir schufen ein Bett, aus dem ver-

brauchte Matratzenluft immerzu entweicht. Bei jeder Körperbewegung ein wenig. Sie schwingen mühelos auf und ab. Gut gelaunt geniessen. So wird die Bett-Temperatur konstant gehalten. Wir polstern nicht nur oben. Wir polstern auch die harmonisch abgestimmte, flache, straffe Untermatratze. Kommen Sie mal rüber. Es gibt noch Abenteuer. Was macht ein schönes Gefühl noch intensiver? Ein zauberhaftes Slip-Nichts auf Ihrer Haut. Ein neues Extra aus der frischen „Unter-Welle". Die Haut im Intimbereich ist viel zu zart. Was soll ich mit meinem Leben ohne das Glück! Vlies-Stoffe können wie Samt sein - oder auch wie Holz, Gummi oder Leder, wie Pappe oder Filz, wie Plastik, Watte oder Textil. Lebensgross und lebensecht in allen Einzelheiten. Die aufblasbare Spielgefährtin. Grösse 162 cm, Brustweite 94 cm. Beweglich, weich und warm, fleischähnliches Vinyl. Wir überlassen Ihre Vervielfältigungen nicht dem Zufall. Für Lippen, die Du sagen. Sie lassen sich mit unterschiedlichsten Eigenschaften bestücken. Zweckspezifisch ... genau so, wie es das entsprechende Einsatzgebiet erfordert.
Leb wohl, Deodorant!

Brigitte oder Claudia - entscheiden Sie sich!
Beide sind zierlich und handlich,
weich im Anschlag, hart im Nehmen.
Beide haben die gleichen Masse:
robuste Mechanik,
Segmentschaltung,
Halbschritt-Taste.
Machen Sie Ihr Kreuz auf den Talon.
Der Rechtsweg bleibt ausgeschlossen.

Mit den Katzelmachern
mit den Moralmachern
mit den Sexmachern
wie die Leute Liebe machen
wie die andern Spiele machen
wie mans auf dem Lande macht
wie mans in der Grossstadt macht
wie man Leute heiss macht
und damit Geld macht
und Macht macht

Wir verreisen

Mein lieber Freund, weisst Du, was D-Lysergsäurediäthylamidtartrat ist? Es bedeutet den vollen Namen für LSD.
LSD ist ein Rauschgift, ein das Bewusstsein veränderndes Mittel. Es führt zum berühmten Trip: alles entschwindet, und zuletzt geht man selbst auf „Reise". Aber diese unkontrollierte „Reise" ist gefährlich. Man meint zu fliegen und fällt plötzlich aus Fenstern, von Hausdächern oder Brücken. Viele „Dauerreisende" erreichen den Boden der Vernunft nie mehr. In einem negativen LSD-Erlebnis kann bei Mensch oder Tier alles umgekehrt funktionieren. So fürchtet sich zum Beispiel eine mit LSD behandelte Katze plötzlich vor einer Maus!
LSD ist ein kampfunfähig machender chemischer Kampfstoff.
Glaubst Du jetzt, dass chemische Kampfstoffe schon heute unter uns sind?
Wirst Du von ihnen überrascht, bekämpfe sie augenblicklich, bevor Du kampfunfähig bist.
Dein Gasonkel.

Wir sind wer.
Wer sind wir?
Keine Experimente.
Amerika den weissen Amerikanern.
Esst schweizerisches Tafelobst.
Die Kirche hat einen guten Magen.
Soldatsein hat noch keinem geschadet.
Arbeit schändet nicht.
Erst das Geschäft, dann das Vergnügen.
Ich hatte Vorfahrt.
Heute rot, morgen tot.
Ein für allemal.
Es geht um Kopf und Kragen.
Eine Krähe hackt der andern kein Auge aus.

Verständigungsschwierigkeiten

Ich sage nichts. Wegen Marianne. Ich spüle die Wörter hinunter wie Mundwasser, das man eigentlich ausspucken sollte. Davor ekelt mich aber. Wenn ich das Mundwasser ausspucke, muss ich die Augen zudrücken, sonst sehe ich im Spiegel, wie das Wasser zwischen den geöffneten Lippen und den Zähnen hervorstürzt.
Also schlucke ich das Mundwasser hinunter. Warum spüle ich überhaupt mit Mundwasser?
Wegen Marianne.
Du riechst wieder nach Rauch, sagt sie und dreht sich weg.
Früher hast du gar nicht geraucht, dann nur wenig und heute sind es fünf Pfeifen am Abend, sagt Marianne.
Pfeifenrauchen schadet der Gesundheit nicht, antworte ich, obwohl das falsch ist.
Der Gesundheit nicht, sagt Marianne, aber schau dir mal die Vorhänge an, erst vor ein paar Wochen habe ich sie reinigen lassen und schon sind sie wieder braun vom Nikotin. Und überall die vollen Aschenbecher. Ueberall Tabaksreste. Vom Mundgeruch will ich gar nicht reden.
Es wäre viel einfacher, ich gäbe das Rauchen auf, es wäre gesünder und erst noch billiger. Auf das Mundwasser könnte ich ebenfalls verzichten.
Ich brauchte auch nicht mehr zu schweigen, abends, wenn ich zu Hause bin. Ich könnte reden bis gegen acht; um diese Zeit ist sowieso Schluss mit dem Reden - dann sitzen wir vor dem Fernsehapparat.

Aufruf zur Benützung von Faltschachteln

Die Menschen passen sich langsam dem Abpackverfahren an. Das ist gut so. Es bleibt für die nächste Zeit noch genug zu tun. Dies teilte jüngst der Fachverband für Faltschachteln an einer Tagung über Faltschachteln mit. Der Faltschachtel sollen neue Märkte erschlossen werden. Bis jetzt wurde viel zuwenig beachtet, dass jeder Kunde, der eine Faltschachtel nach Hause trägt, zugleich Werbeträger sein könnte. Diese Erkenntnis gilt es zu nutzen. Darum werden neuerdings alle Faltschachteln bedruckt. Grafiker, Designer, Lay-Outer und Texter haben tagelang, wenn nicht wochenlang an den Entwürfen gearbeitet. Aus diesem Grunde ist es verständlich, dass sich die Faltschachtelhersteller dagegen wehren, dass ihre Faltschachteln nochmals verpackt werden. Denn meist ist die Verpackung der Verpackung keineswegs identisch mit der eigentlichen Verpackung: Oft sind auf dem Einwickelpapier und den Tragtaschen keine oder aber andere Bilder, Markenzeichen und Werbeslogans zu finden. Allerdings wird beispielsweise der Drogist kaum dazu veranlasst werden können, bei seinem grossen Sortiment für jedes Produkt die entsprechende Faltschachtel bereitzuhalten. Wo käme der Drogist hin, müsste er für sämtliche Waren, die er verkauft, auch die bedruckten Faltschachteln auf Lager haben. Undenkbar. Das Bestreben der Faltschachtelhersteller geht deshalb dahin, den Firmen mit kleinerem Warenangebot klarzumachen, dass allein schon die Faltschachtel als Verpackung genügt. Faltschachteln sind das dynamische Bindeglied zwischen Produktion und Verbrauch, wobei sich erst noch der Müllanfall bei dieser Einfachverpackung verringert. Die Faltschachtel lässt sich auch ohne weiteres mehrmals verwenden, was man vom Einwickelpapier, das oft von schlechter Qualität ist, nicht behaupten kann. Die Wiederverwendung der Faltschachtel ist ein ökonomischer Prozess. Wird die Faltschachtel nochmals verpackt, so fällt der Sinn der ganzen Bedruckung dahin. Die Bemühungen der Hersteller und der Werbeagenturen wären vergebens, die Verluste beträchtlich. Indem also der Kunde die Faltschachtel ohne weitere Verpackung nach Hause trägt, trägt er dazu bei, den Umsatz eines bestimmten Produktes zu steigern. Wer sich dessen bewusst wird, geht mit seiner Umwelt konform und lebt marktintensiv. Diesem Verhalten gelten die Bestrebungen. Wettbewerbe und Preise sollen helfen, die Idee der Faltschachtel allen Bevölkerungskreisen nahezubringen.
Auf die Verpackung kommt es an. Das wird noch zu oft vergessen. Die Leute müssen daran gewöhnt werden, Faltschachteln zu verlangen und verpackungsgerecht zu denken.

Bilder
bilden
bildend
Bilder
für die, die
Bilder-
bilden
Bildung
bildet

Das
Bild
des weissen Riesen
tragen wir in uns
als tägliches Bild
das passt ins Bild
der Mattscheibe
unsere Brotscheibe

Gefunden:
eine Altflöte
ein Autokindersitz
ein Bild
ein Ehering
ein Fass
ein Gebetbuch
eine Gehhose
ein Zirkel
eine Fasnachtslarve

eine Kennedy-Büste

Dressur

Die Polizeihunde standen wieder einmal im Examen. Unter der Leitung des Präsidenten und des Technischen Leiters führte die Polizeidiensthundegruppe „Nordwest" in der Umgebung des schön gelegenen Wald-Schiessstandes die schweizerische Polizeidiensthundeprüfung durch.
Als Gäste waren geladen:
ein Oberstleutnant, gleichzeitig Kommandant des Grenzwachtkorps,
der Kommandant des städtischen Polizeikorps,
ein Polizeihauptmann a.D.,
ein Polizeiinspektor a.D.,
einige höhere Polizeioffiziere,
ferner zahlreiche Detektive und Kommissare.
Zur Ausbildung eines Hundes sind nicht alle Menschen geeignet.
Das Training erfordert vor allem viel Zeit, Geduld, Selbstbeherrschung, Liebe zum Tier schlechthin und Verständnis für die Eigenarten und Lebensgrundlagen des Hundes. Mit Gewaltmassnahmen, Eile und Ungeduld ist nichts zu gewinnen:
sie machen das Tier schnell arbeitsunfreudig.
Und auf die Arbeitsfreude kommt es schliesslich an.
Das ist auch bei andern Haustieren so. Selbst der Mensch macht da keine Ausnahme.
Bis jedoch die Anlagen des Tieres ausbildungsmässig für das grosse und weite Programm eines Diensthundes ausgenutzt sind, muss auch dem gut veranlagten Hund mit sehr viel Einfühlungsvermögen begegnet werden. Sogar nachher dürfen die Bemühungen nie nachlassen, soll der Hund seine Aufgabe zur Zufriedenheit seines Dienstherrn erfüllen. Und nur durch stete Weiterausbildung können die immer höher gesteckten Ziele erreicht werden.
Die heutzutage zur Verfügung stehende Freizeit bietet Gelegenheit genug zum Besuch von Kursen. Dressur ist wie Manneszucht: einzig wer auf den Kampf dressiert ist, besteht im Leben.
Pack zu, lieber heute schon als morgen!
Wir brauchen dich.

Ueber Schlaf wird viel geredet. Besonders, wenn man ihn zur falschen Zeit findet. Dann spricht man von Frühjahrsschlaf, von Tagschlaf oder von Büroschlaf. Es zeigt sich immer wieder, dass jüngere wie ältere Menschen oft zur falschen Zeit schläfrig oder zur Schlafenszeit hellwach sind. Die Folge davon ist, dass sich auch der Leistungshöhepunkt zur falschen Zeit einstellt. Der Schlaf zur Unzeit schadet Ihrer Ehe und Ihrem Vorwärtskommen. Mit unserem Mittel kommen Sie dem Schlaf bei. Am Morgen, am Mittag oder am frühen Abend drei Tropfen davon in einem Glas Wasser, oder ganz einfach jederzeit bei Schlaf. Damit Sie leistungsfähiger sind. Die Wirkung ist verblüffend. Viele Zuschriften bestätigen es. Sie werden selbst Zeuge Ihrer neugewonnenen Kraft und Ihres Durchhaltevermögens.
Ohne Stehvermögen keine Karriere.

*Salzburger Festspiele
mit
Jedermann
und
Karajan*

Bullworker's dream
Jetzt, als er so dalag und ins Bad blickte, empfand er seine Einsamkeit stärker denn je. Da half kein Arden for Men, kein Russisch Leder. Er war mager. Er wünschte sich eine Figur wie Glenn Saxson, dessen Auftritt im letzten Italo-Western ihn tief beeindruckt hatte.
Und das Inserat wollte ihm nicht aus dem Kopf, er sah ihn vor sich, den Mann auf dem Foto. Ein athletisch-männlicher Typ wie aus einem Freiluftkino.
SO KOENNEN AUCH SIE DIE FIGUR VERBESSERN.
Er kannte den Text, kannte ihn fast auswendig.
MAENNER! KRAFTLOSE, BELEIBTE TYPEN UND SCHLAPPE SESSELKLEBER SIND NICHT GEFRAGT.
Warum hatte er sich nicht entschieden, hatte er den ganzen Winter über gezögert? Drei Monate hätten genügt.
SCHON IN ZWEI WOCHEN MUESSEN SIE DIE POSITIVEN RESULTATE FUEHLEN, IM SPIEGEL SEHEN UND MIT DEM BANDMASS KONTROLLIEREN KOENNEN.
Im Grunde genommen wäre das eine Kleinigkeit gewesen. Nur den Talon ausfüllen.
UMFRAGEN HABEN ERGEBEN, DASS JEDE TYPISCHE FRAU DAS GEFUEHL DER GEBORGENHEIT IN MAENNLICH-STARKEN ARMEN UND DEN SCHUTZ SPORTLICHER SCHULTERN ERSEHNT.
Er hätte sie auch geschafft, diese Sieben-Sekunden-Uebungen. Nun wäre er 10 Zentimeter breiter, über die Schultern gemessen, und der Brustkorb hätte sich um gut 19 Zentimeter geweitet. Arme und Beine würden durch handfeste Muskeln auffallen.
ZEHN TAGE BEI IHNEN ZU HAUSE, OHNE IRGENDEINE KAUFVERPFLICHTUNG.
Seine Hände hatten sich am Holzrost verkrampft. Er schwitzte, der Schweiss lief ihm übers Gesicht. Nur fünf Minuten täglich und sein Selbstvertrauen wäre wiedergewonnen.
Mit dem Handtuch verscheuchte er zwei Wespen, die sich auf seiner Brust niederlassen wollten, einer Brust, über die er im Liegen bis zu den Zehen sehen konnte, ohne den Kopf zu heben. Ein Wespenstich in die Haut über den vorstehenden Rippen wäre schmerzhaft. Er wusste das.
SOLLTEN SIE NICHT RESTLOS BEGEISTERT SEIN, SO SENDEN SIE EINFACH ALLES, WAS SIE ERHALTEN HABEN, ZURUECK. WIR VERRECHNEN IHNEN NICHTS.
Die Wespen kreisten wieder. Er stand auf und warf sich missmutig die Badejacke über. So fühlte er sich einigermassen sicher und nicht abschätzigen Blicken ausgesetzt.

ANERKANNT VON TRAINERN UND LEISTUNGSEXPERTEN DER GANZEN WELT.
Und er hatte darauf verzichtet! Er wäre bewundert worden, die Leute hätten sich nach ihm umgedreht, und er hätte sich neben ein Mädchen gedrängelt, forsch, neben eines aus der Intim-Spray-Reklame mit der rosa Haut, hätte die muskulösen Arme über ihre Schultern gelegt und wäre mit ihm im Wasser herumgetollt.
SIE BRAUCHEN UNS NICHT AUFS WORT ZU GLAUBEN - ABER URTEILEN SIE SELBST.
Er schloss die Umkleidekabine auf, ging hinein, um Geld zu holen. Seine Kehle war ausgetrocknet. Er wollte sich am Kiosk ein Eis kaufen. Die Tür schlug hinter ihm zu. Er stand im Halbdunkel, in der stickigen Luft, die nach Holz und Karbolineum roch. Er dachte wieder an dieses Mädchen von der Intim-Spray-Reklame; er hätte es mit sich genommen in die Kabine.
EIN GERAET IM HEUTIGEN STIL, MIT LETZTEM TECHNISCHEM RAFFINEMENT.
Ohne lange zu fragen wäre es ihm gefolgt, dem Mann mit den stahlharten Muskeln, und er hätte ihm den BH gelöst, sanft, dann das Badehöschen abgestreift; seine eigene Badehose hätte er rasch hinuntergezogen, wie jetzt, wo er mit seiner Erektion allein fertig werden musste.
WAS KOENNEN WIR NOCH MEHR TUN?
Am Montag würde er den Home-Trainer bestellen. Er würde es länger als fünf Minuten aushalten, bestimmt, immer eins und zwei und eins und zwei und stossen und entspannen und stossen und entspannen, im Sieben-Sekunden-Rhythmus.
SCHONUNGSLOS GETESTET . . .

Tierpflege

Dass Menschen sehr eigenwillig sind, hat sich herumgesprochen.
Obschon sie weniger vom Tier abhängig sind als das Tier vom Menschen, brauchen sie doch auch richtige Pflege und Ernährung. Baden wird vom Menschen im allgemeinen gut vertragen und verschafft Wohlbefinden. Nutzen Sie diese Erkenntnis! Es empfiehlt sich, das Haarkleid einmal täglich kräftig durchzubürsten. Dadurch verringert sich die Zahl der überall anhaftenden Haare. Auch für den Menschen sind allzuviele, durch Lecken aufgenommene Haare nicht zuträglich.
Wussten Sie übrigens, dass es in der Drogerie praktische Kleberollen gibt, womit sich diese Haare mühelos aufnehmen lassen? Menschen sind in der Regel reinliche Tiere. Wenn sie gut gewöhnt sind, verrichten sie ihre Notdurft immer an dem dafür vorgesehenen Ort. Wichtig ist allerdings, dass genügend sauberes, aufsaugendes Material vorhanden ist. Als Behälter bewähren sich längliche Schüsseln aus Porzellan oder Kunststoff sehr gut. Verzierungen daran werden mit Freude betrachtet.
Menschen reagieren empfindlich auf Ungezieferbekämpfungsmittel. Folgende Massnahmen haben sich bewährt: Pudern Sie Ihren Menschen mit einem für Menschen geeigneten Ungeziefermittel ein. Stecken Sie ihn in einen Kissenanzug und halten Sie ihn rund eine Stunde lang auf den Knien (Zeitung lesen oder stricken!). Anschliessend können Sie den Puder und die toten Insekten wegbürsten. Stubenmenschen erhalten ein Vitaminpräparat, wenn das Fell struppig und stumpf in der Farbe ist.
Für eine Wurmkur beim Menschen gilt das beim Hund Angegebene. Die Arzneidosen werden jedoch um die Hälfte gekürzt. Sollte ein Mensch weissliche Bandwurmglieder ausscheiden, so gehört er in die Behandlung des Arztes, weil Uebertragungsgefahr auf die Haustiere besteht.
Wer sich einen Menschen anschafft, sollte sich darüber klar sein, dass dieser älteste Begleiter des Tieres ein wundervoller Spielgefährte sein kann, der sich sehr leicht abrichten lässt.

Wir kennen
die sieben Bitten
die sieben Raben
die sieben Planeten
die sieben Meere
die sieben Wochentage
die sieben Hauptsünden
die sieben Schwaben
die sieben Regenbogenfarben
die sieben Weltwunder
die sieben Weisen
die sieben Locken Simons
die sieben Leben der Katze
die sieben Hügel von Rom
die sieben Töne der Oktave
die sieben Häute der Zwiebel

wir kennen sie alle,
die sieben Bundesräte hinter
den sieben Bergen.

Erinnerungsbild

Abend an der Küste von Rio de Janeiro. Rechts die Lichtreklame eines europäischen Industriekonzerns, daneben - kaum noch sichtbar - das Monument des unbekannten Soldaten. Links die Kirche „Nossa Senhora da Gloria" und die Statue des „Cristo Redentor" auf dem Berg Corcovado. Dazwischen die Häusersilhouette.
So wäre demnach die ganze Welt vereint.
Ein Foto fürs Album, für unsere Kinder.
Damit wir sagen können:
So friedlich war es vor der Revolution ...

Reihe  litprint

99   Werner Schmidli   Margot's Leiden   Erzählung
Mit 7 Illustrationen von TRUK
ISBN 3 85787 001 X   sfr./DM 4.80

98   Heinrich Wiesner   Rico   ein Fall !
Mit 3 Zeichnungen von Gustav Stettler
ISBN 3 85787 002 8   sfr./DM 4.80

97   Kurt Marti   Heil-Vetia   Etwas wie ein Gedicht
Mit 4 Illustrationen von Ernst Mattiello
ISBN 3 85787 003 6   sfr./DM 4.80

96   Christoph Geiser   Mitteilungen an Mitgefangene   Gedichte
Mit 4 Illustrationen von Ernst Mattiello
ISBN 3 85787 004 4   sfr./DM 6.80

95   Gabriele Wohmann   Die Gäste   Hörspiel
Mit 6 Illustrationen von Jürgen von Tomëi
ISBN 3 85787 005 2   sfr./DM 5.80

94   René Regenass   Wir haben das Pulver nicht erfunden, uns gehören nur die Fabriken   Mit einem Frontispiz von TRUK   Prosa
ISBN 3 85787 006 0   sfr./DM 5.80

93   Felix Philipp Ingold   45 Kriegs- und Liebeserklärungen
Gespräche
ISBN 3 85787 007 9   ca. sfr./DM 5.80

92   Werner Schmidli   Mir hört keiner zu   Auseinandersetzungen
Mit einem Frontispiz von TRUK
ISBN 3 85787 008 7   sfr./DM 4.80

91   Hanns T. Peschkes   Der Mann, die Frau und ihr Mann   Prosa
Mit einem Vorwort von Peter Handke
ISBN 3 85787 010 9   ca. sfr./DM 5.80

90   Heinrich Henkel   Spiele um Geld   ein Stück
ISBN 3 85787 011 7   sfr./DM 6.80

89   Jörg Steiner   Der schwarze Kasten   Gedichte
Mit einem Nachwort von Kurt Marti
ISBN 3 85787 012 5   ca. sfr./DM 4.80

Lenos Presse
Basel-Halten

Und die Moral von der Geschicht?

Ja eben, das ist so eine verdammte Sache. Die Geschichte kennt keine Moral, und auch die gegenwärtige Politik nicht.
Im In- und Ausland streben Politiker nach mehr Macht und Gewinn, die Kleinen kommen unter die Räder, Minderheiten werden zerrieben, Rechtfertigungen aufgebaut. Sie fangen die Opposition auf.
Oft tönt das ganz progressiv.
Aber der geneigte Leser merkt: Mit der Kultur allein schaffen wir es nicht. Darum erscheint auch die Literaturbeilage „drehpunkt", in der kritischen, oppositionellen

politischen Zeitschrift

neutralität

Hier schreiben u.a. die LENOS-Autoren Kurt Marti, Christoph Geiser, Heinrich Wiesner, Werner Schmidli, Heinrich Henkel und René Regenass (monatlich beim Buchhändler oder am Kiosk zu Fr. 2.50 erhältlich).
Das allerbeste ist aber, man liest die „neutralität" regelmässig, das heisst: Man abonniert sie.

Auskünfte, Probenummern und Anmeldungen bei:
„neutralität", Postfach, CH-3000 Bern 6.